Dieses Buch gehört

....

Liebe Eltern,

mit der Weltsprache Englisch kommt Ihr Kind im Alltag häufig in Berührung. Wir wollen es beim Englischlernen unterstützen.

Unsere Bücher mit der liebenswerten Bildermaus enthalten kurze Geschichten auf Deutsch und auf Englisch mit einfachen Sätzen sowie großer und leicht lesbarer Schrift. Hauptwörter werden durch kleine Bilder ersetzt. Lesen Sie die Geschichten vor und lassen Sie Ihr Kind die Bilder selbst benennen. Auf jeder Seite finden Sie eine Bild-Wörterliste mit den einzelnen Vokabeln. Mit dem Domino-Spiel können Sie die neuen Wörter gemeinsam üben.

So wird Ihr Kind ganz nebenbei von der Bildermaus zum echten Leselöwen!

Viel Spaß! Have fun!

Ihre

Bildermaus

Bildermaus

Mit Bildern Englisch lernen

Katja Reider

Geschichten vom kleinen Eisbären

Little Polar Bear Stories

Illustriert von Silke Voigt

Übersetzt von David Ingram

Loewe

Katja Reider war Pressesprecherin des Wettbewerbs *Jugend forscht*, bevor sie zu schreiben begann. Inzwischen hat sie mehr als hundert Kinder- und Jugendbücher veröffentlicht, die in viele Sprachen übersetzt wurden. Weitere Infos unter www.KatjaReider.de.

Diplom-Designerin Silke Voigt arbeitet seit 1996 als freiberufliche Autorin und Illustratorin im Kinder-, Schul- und Sachbuchbereich mit vielen deutschen Verlagen zusammen. Sie hat ein fünfjähriges Grafikdesign-Studium mit dem Schwerpunkt Illustration absolviert. Im Anschluss daran erwarb sie in einem zusätzlichen Studium der Malerei ihr Examen in Freier Kunst an der Kunstakademie.

FSC
www.fsc.org
MIX
Papier aus verantwortungsvollen Quellen
FSC® C109273

ISBN 978-3-7855-8826-0
1. Auflage 2017
Überarbeitete Neuausgabe des Titels *Geschichten vom kleinen Eisbären*

Ins Englische übersetzt von David Ingram
Illustrationen: Silke Voigt
Umschlaggestaltung: Ramona Karl
Vignetten Bildermaus: Angelika Stubner
Reihenlogo nach einem Entwurf von Angelika Stubner
Printed in Poland

www.loewe-verlag.de
www.bildermaus.de

Inhalt

Ole in der Schneekugel

Ole, der kleine  , blinzelt
in die  . Seit er auf der 
ist, lebt er mit Mama 
in einer  aus  .

Ole in the Snowball

Ole, the young , blinks in the . Since he came into the  he has been living with Mummy  in a  made from .

 polar bear

 cave

 sun

 snow

 world

Ole buddelt viele 

im  und trinkt dann

die gute  von Mama  .

Das ist gemütlich. Aber auch ein

bisschen langweilig. Denn jetzt

ist Ole kein  mehr.

Ole digs many  in

the  and then drinks the

good  of Mummy  .

It's a comfortable life. But also

a bit boring. Because Ole is not

a  anymore.

 passageways

 polar bear

 snow

 baby

 milk

Der kleine  hat einen

dicken , scharfe  und

starke 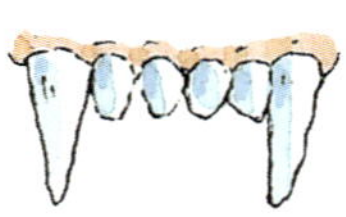 bekommen. Ole will

endlich was erleben! Neugierig

klettert er einen  hinauf.

The little  now has thick ,

sharp  and strong 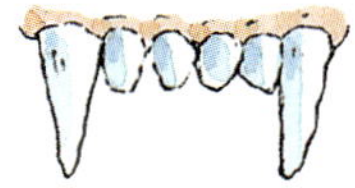.

Ole can't wait to go on adventures!

Curiously, he climbs up a .

 polar bear

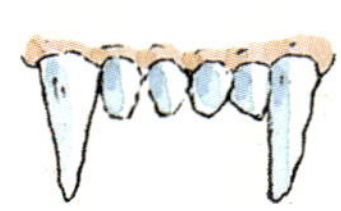 teeth

 fur

 hill

 claws

„Sei vorsichtig!“, ruft Mama 

hinter Ole her. „Der  hier

draußen ist noch neu für dich!“

Aber der kleine  steht

schon oben auf dem .

Er schaut sich staunend um.

"Be careful!" Mummy  calls out behind Ole. "You're not familiar with the  out here yet!"

But the little  has already reached the top of the  .

He looks around in amazement.

 polar bear

 hill

 snow

Wie groß die  ist! Dann

setzt sich der kleine  auf

seinen  . Hui – rutscht er

den  hinunter!

How big the  is! Then the little  sits down on his . Whoosh – he slides down the !

 world

 bum

 polar bear

 hill

Der  fliegt um seine  .

Aber oje, der kleine 

kann nicht mehr anhalten! Ole

überschlägt sich. Immer wieder.

The  flies around his  .

But, oh no – now the little 

can't stop! Ole somersaults again

and again.

 snow

 polar bear

 nose

Wie ein riesiger  kugelt

der kleine  den 

hinunter. Dann ist alles still.

Ole reißt die  auf.

Aber um ihn herum ist nur  !

„Mama!“, wimmert Ole.

Like a huge , the little 

rolls down the . Then all

is quiet. Ole opens his .

But all he can see is !

"Mummy," whimpers Ole.

 snowball

 eyes

 polar bear

 snow

 hill

Da sieht er schon die 

von Mama . Vorsichtig

befreit sie den kleinen 

aus dem  und trägt ihn

zurück in die .

Suddenly he sees the  of Mummy . She carefully removes the little  from the  and carries him back to the .

 paws

 snowball

 polar bear

 cave

Ole drückt seine  in den

warmen  seiner Mutter. Ob

Mama  schimpfen wird?

Nein! Sie weiß, dass Ole 

noch viel lernen muss ...

Ole buries his  in the warm 

of Mummy . He is afraid

that she will tell him off. But no!

She knows that  Ole still

has a lot to learn ...

 nose

 polar bear

 fur

Ole und das Rentier

„Schau, Ole!“, sagt Mama  .

„Da kommt Rollo, das  !“

Der kleine  freut sich.

Ole and the Reindeer

“Ole, look!” says Mummy  .

“Here comes Rollo the  !”

The little  is happy.

 polar bear

 reindeer

Dann reißt er verwundert die 

auf und ruft: „Du hast ja einen

dicken 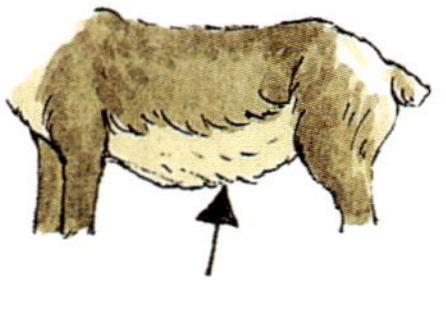 bekommen, Rollo!“

„Aber Ole!“, sagt Mama  .

Then his  widen in amazement and he cries: "Your 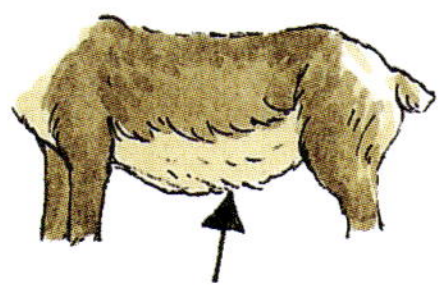 has become really big, Rollo!" – "Oh Ole!" says Mummy  .

 eyes

 polar bear

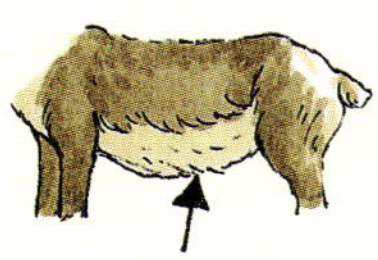 belly

Doch das  lacht, dass sein  wackelt. „Stimmt, kleiner  !“, sagt es. „Ich fresse jetzt, so viel ich kann. Bald wird es noch kälter.

But the  laughs out loud and his 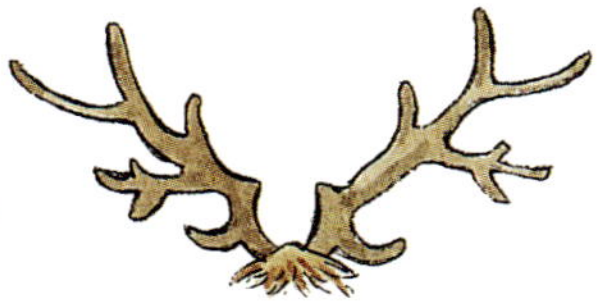 wobble. “That’s true, little !” he says. “I eat as much as I can these days. Soon the weather will be even colder.

 reindeer

 polar bear

 antlers

Wenn alle  mit 

und  bedeckt sind, finde

ich kaum noch . Dann

lebe ich von dem  an

meinem 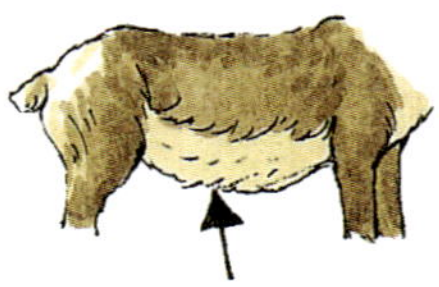."

When all the  are covered with  and  I will hardly find any  to eat. Then I will need the  on my 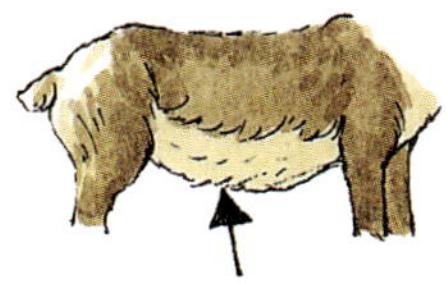."

 hills

 grass

 ice

 fat

 snow

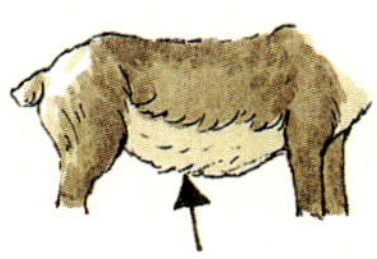 belly

„Viele  verändern sich jetzt“, erklärt das . „Schau, der  dort! Sein  ist nicht mehr braun, sondern weiß!“

"Many  are changing now," explains the  . "Look at the  over there! His  is no longer brown, but white!"

 animals

 snow fox

 reindeer

 fur

Der kleine  staunt:

„Und das  hat jetzt

weiße  statt braune?“

„Genau“, sagt Rollo. „Sieh nur, wie

das  seine  aufplustert!“

The little  is amazed: “And the  now has white  instead of brown ones?” — “That’s right,” says Rollo. “Just look how the  is fluffing up its !”

 polar bear

 feathers

 snow grouse

Der kleine  kichert:

„Tatsächlich! Das  sieht

aus wie ein  mit  !“

The little  giggles: “Oh yes!

The  looks like a 

with a  !”

 polar bear	 snowball
 snow grouse	 beak

Rollo  nickt. „So sind der  und das  gut getarnt. Niemand kann sie im  entdecken.

Rollo the  nods. “Now the  and the  are really well camouflaged. Nobody can see them in the  .

	reindeer		snow grouse
	snow fox		snow

Warte ab, kleiner ,

wenn die  wieder wärmer

scheint, sehen alle 

genauso aus wie vorher“,

verspricht Rollo, das ,

und lächelt Ole zu.

Wait until the  warms everything up again, little , and then all the  will look the same as before," promises Rollo the  and smiles at Ole.

 sun

 animals

 polar bear

 reindeer

Die Wörter zu den Bildern:

Eisbär

Sonne

Welt

Höhle

Schnee

Gänge

Milch

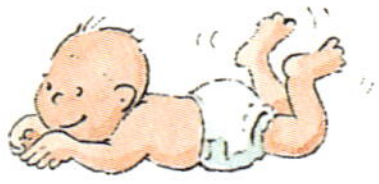
Baby

Pelz

Krallen

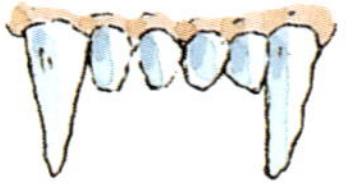
Zähne

Hügel

Po

Nase

Schneeball

Augen

Tatzen

Rentier

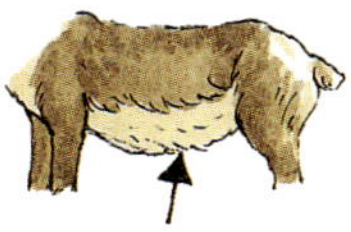

Bauch

Geweih

Eis

Gras

Fett

Tiere

Eisfuchs

Schneehuhn

Federn

Schnabel